Krefeld

Sachbuchverlag Karin Mader

Fotos:
Jost Schilgen

Text:
Hoffmann/Reda

D-28879 Grasberg
www.mader-verlag.de

Grasberg 2004

Übersetzungen:
Englisch: Michael Meadows
Französisch: Mireille Patel

ISBN 3-921957-42-7

In dieser Serie sind erschienen:

Aschaffenburg
Baden-Baden
Bad Oeynhausen
Bochum
Bonn
Braunschweig
Bremen
Bremerhaven
Buxtehude
Celle
Cuxhaven
Darmstadt
Darmstadt und der Jugendstil
Duisburg
Die Eifel
Eisenach
Erfurt
Essen
Flensburg
Freiburg
Fulda
Gießen
Göttingen
Hagen
Hamburg
Der Harz
Heidelberg
Herrenhäuser Gärten
Hildesheim
Kaiserslautern
Karlsruhe
Kassel
Kiel
Koblenz
Krefeld
Limburg a.d. Lahn
Das Lipperland
Lübeck
Lüneburg
Mainz
Mannheim
Marburg
Die Küste –
Mecklenburg-Vorpommern
Die Küste – Ostfriesland
Die Küste –
Schleswig-Holstein Nordsee
Die Küste –
Schleswig-Holstein Ostsee
Minden
Mönchengladbach
Münster
Das Neckartal
Oldenburg
Osnabrück
Paderborn
Der Rheingau
Rostock
Rügen
Schwerin
Siegen
Stade
Sylt
Trier
Tübingen
Weimar
Wiesbaden
Wilhelmshaven
Wolfsburg
Würzburg
Wuppertal

Titelbild: Das Rathaus

Wie sagte doch schon der Gelehrte Wilhelm von Humboldt im 18. Jahrhundert: „Die ganze Stadt hat ein gefälliges, lachendes Aussehen". Und dies hat Krefeld, die Samt und Seiden Stadt, auch wahrlich heute noch. Anfang des 11. Jahrhunderts wurde der Ort „Krähenfeld" mit seiner kleinen Dyonisius-Kirche erstmals erwähnt. Mit der Reformation und der geistigen Offenheit der Oranier und ihrer Stadt Krefeld, welche Glaubensflüchtlingen aus anderen Ländern ihre Tore öffneten, kamen viele Handwerker in die Stadt, unter anderem auch Mennoiten, die die Kunst der Seidenherstellung beherrschten. Damit begann der rasante Aufstieg einer Stadt, die zu Beginn des 16. Jahrhunderts noch ein kleiner von Fachwerkhäusern umgebener Marktflecken war und 3000 Einwohner zählte. Die Erfindung des mechanischen Webstuhls und Nutzung der Elektrizität ließen große Textilfabriken entstehen, die die Ansiedlung der chemischen Industrie, die heute der bedeutendste Industriezweig der Stadt ist, nach sich ziehen. Krefeld wuchs schnell zu einer der reichsten deutschen Städte heran und verschaffte sich als Lohn für Fleiß und Erfolg ein üppiges Ambiete. So ist Krefeld, im Verhältnis zu seiner Größe, die wohl größte Museumsstadt Deutschlands, mit Ausstellungen von europäischem Rang. Die schöne Lage am Niederrhein und alle kommunalen Einrichtungen die das Leben in einer Stadt lebenswert machen kommen hinzu, dass sich die 240.000 Krefelder in ihrer Stadt wohlfühlen und mit rheinischer Lebensfreude Gäste und Besucher begrüßen.
Auf Krefeld, die Samt und Seidenstadt, mit uralter Tradition, die auch heute noch 4/5 der in Deutschland gehandelten Krawatten herstellt trifft auch heute noch zu was 1758 ein französischer General über Krefeld nach Hause schrieb: „Ich bin so gut wie in Paris untergebracht."

As the scholar Wilhelm von Humboldt said back in the 18th century: "The entire city has a pleasant, bright appearance." And Krefeld, the city of velvet and silk, has indeed kept this look down to today. The town of "Krähenfeld" with its small Dyonisius Church was mentioned for the first time at the beginning of the 11th century. With the advent of the Reformation and the intellectual openness of the members of the House of Nassau-Orange and their town of Krefeld, which opened its gates to religious refugees from other countries, many craftsmen came to the town, including Mennonites, who had mastered the art of silk production. This marked the start of the rapid rise of a city that was still a small market town surrounded by half-timbered houses at the beginning of the 16th century and had 3,000 inhabitants. The invention of the mechanical loom and the use of electricity brought about the formation of large textile mills that was followed by the location of the chemical industry here, the most important economic sector in the city today. Krefeld quickly grew into one of the richest cities in Germany and created for itself a lavish ambience as the reward for diligence and success. This is Krefeld, in relation to its size the largest museum city in Germany, with exhibitions of European standing. Thanks to the combination of the lovely location on the Lower Rhine and all the municipal institutions that make life worth living in a city, the 240,000 people of Krefeld feel happy here and welcome guests and visitors with the joie de vivre typical of the Rhineland.
What a French general wrote home about Krefeld in 1758 still applies today to the city of velvet and silk with its age-old tradition in which 4/5 of the ties traded in Germany are still manufactured today: "I am accommodated as if I were in Paris."

Comme le disait déjà au 18e siècle le savant Wilhelm von Humboldt: «Toute la ville a un aspect aimable et souriant» et c'est encore vrai aujourd'hui de la ville de la soie et du velours. La localité de «Krähenfeld» et sa petite église St. Dyonisius sont attestées par un document du début de 1100. Avec la Réforme et la tolérance des Orange et de leur ville de Krefeld qui accueillait les réfugiés persécutés pour leur foi, de nombreux artisans s'installèrent dans la ville – les Mennonites, en particulier, passés maîtres dans la fabrication de la soie. Ainsi commença l'ascension fulgurante de cette ville qui n'était au début du 16e siècle qu'un petit lieu de marché, entouré de maisons à colombages et ne comptait que 3000 habitants.
L'invention du métier à tisser et l'utilisation de l'électricité permirent la création de grandes filatures qui, à leur tour, attirèrent l'implantation de l'industrie chimique qui, de nos jours est la branche d'industrie la plus importante de la ville. Krefeld devint rapidement l'une des plus riches villes d'Allemagne et se dota d'un décor opulent comme salaire de son labeur et de son succès. Krefeld est ainsi la ville la plus riche en musées d'Allemagne, en proportion de sa grandeur, avec des expositions de rang européen. Sa situation sur le bas Rhin et toutes les institutions communales qui rendent la vie agréable en ville font que les 240000 habitants de Krefeld se sentent bien chez eux et accueillent invités et visiteurs avec une joie de vivre toute rhénane.
Les mots d'un général français, écrivant en 1758 chez lui de Krefeld où le travail de la soie et du velours a une longue tradition et qui produit encore aujourd'hui les trois-quarts des cravates vendues en Allemagne: «Je m'y trouve aussi bien qu'à Paris».

Ein Bummel durch Krefeld

Krefeld, mit 240.000 Einwohnern, Fachhochschule, Landesbehörden, Forschungsinstituten und fünf Museen ist ein wirtschaftlich und kulturell wichtiges Zentrum am linken Niederrhein. Seit 1702 preußisch, besitzt die Stadt noch einige Großbauten aus der Zeit, als Krefeld sich anschickte Großstadt zu werden, wie z.B. den Hauptbahnhof, der 1907 eröffnet wurde.

Krefeld, which has a population of 240,000, a polytechnic, state authorities, research institutes and five museums, is an economically and culturally important center on the left bank of the Lower Rhine. Prussian since 1702, the city still has several large edifices dating from the period when Krefeld was on the verge of becoming a big city, such as the central railway station, which was opened in 1907.

Krefeld, siège administratif du Land, constitue, avec ses 240000 habitants, son école professionnelle spécialisée, ses instituts de recherche et ses cinq musées, un centre économique et culturel de première importance sur la rive gauche du bas Rhin. Prussienne dès 1702, la ville comprend encore d'imposants monuments de l'époque où elle s'apprêtait à devenir une grande ville, comme la gare centrale, par exemple, inaugurée en 1907.

Die etwas unregelmäßig geführte Hochstraße ist die Ur-Straße Krefelds, das mittelalterliche Rückgrat der vom 17. bis zum 19. Jahrhundert sechsmal erweiterten Stadt. Nachdem sie allerdings im Kriege zu zwei Dritteln zerstört wurde, hat auch diese alte Straße zwangsläufig heute ein junges Gesicht.

Hochstrasse with its somewhat irregular path is Krefeld's original street, the medieval backbone of the town that was expanded six times from the 17th to the 19th century. After two-thirds of it was destroyed during the war, however, this old street also inevitably displays a young face today.

La Hochstraße, au tracé quelque peu irrégulier, est la rue d'origine, la colonne vertébrale médiévale de cette ville qui a été agrandie six fois du 17e au 19e siècle. Cette vieille rue, cependant, a été détruite aux deux-tiers pendant la guerre et, de nos jours, elle présente, par force, un visage jeune.

Auch Krefelds City ist fußgängerfreundlich geworden, und die anliegenden Geschäfte haben die Chance aufgegriffen und sich dem Strom der Passanten geöffnet. Nicht nur Shopping gibt hier den Ton an, sondern die Vielfalt der Möglichkeiten von Einkaufen und Einkehren. Im Hansa-Centrum zum Beispiel

Krefeld's center has also been converted for pedestrians and the shops located there have grabbed the chance of opening their doors to the stream of shoppers and passers-by. Not only shopping dominates here but also the variety of opportunities to shop and enjoy food and drink. At the Hansa-Centrum, for

Le centre-ville de Krefeld est réservé aux piétons et les commerces qui s'y trouvent ont saisi cette chance de capter le flot des passants. Il ne s'agit pas ici de faire simplement des courses mais de profiter des innombrables possibilités de faire des achats et de se restaurer. Dans le Hansa-Centrum, par exemple (ci-dessus), le

(Bild links) ist das Problem der Einkaufsstraße und des Witterungsschutzes in der Form einer ästhetisch schönen Passage gelöst und die Königstraße (oben) erhielt sogar ein Dach aus Glas. Hier wird das Einkaufen zum Vergnügen.

instance (picture left), the problem of a shopping street and protection against the weather has been solved in the form of an aesthetically beautiful passage, and Königsstrasse (above) was even given a glass roof. Shopping is made enjoyable here.

problème d'une rue commerciale et de l'abri du mauvais temps a été résolu sous la forme d'un passage fort esthétique et la Königstaße (ci-dessus) a même été dotée d'un toit de verre. Ici, faire des achats devient un vrai plaisir.

Die katholische Dionysius-Kirche ist die zweite ihres Namens. sie ist eine breit angelegte, dreischiffige Hallenkirche und stammt aus verschiedenen Bauphasen: 1754–68 wurde der Hauptbau errichtet, 1840–42 erfolgte nach Plan des Kölner Dombaumeisters Zwirner die Erweiterung, und der neugotische Westturm wurde 1893 angefügt.

The Catholic Dionysius Church is the second of its name. It is an expansively laid-out, three-nave church resulting from different construction phases: the main edifice was built in 1754–68, the expansion was carried out according to plans of the Cologne cathedral architect and builder, Zwirner, in 1840–42 and the neo-Gothic West Tower was added in 1893.

L'église catholique Dyonisius est la deuxième de ce nom. C'est une vaste église-halle à trois nefs. Elle a été construite en plusieurs phases: L'édifice principal date de 1754 à 1768. De 1840 à 1842 il a été agrandi d'après les plans de Zwirner, l'architecte de la cathédrale de Cologne. La tour ouest néo-gothique a été ajoutée en 1893.

Wo früher „leichte Mädchen" ihren Gewerbe nachgingen, zeigt sich heute Krefelds Innenstadt von farbenfroher Seite mit diesen liebevoll sanierten Häusern an der Mühlenstraße.

Where "tarts" once practiced their trade Krefeld's center now displays itself at its colorful best with these lovingly restored houses on Mühlenstrasse.

Au centre-ville, là où jadis les «filles de joie» arpentaient les rues, Krefeld présente un visage gai et coloré comme ici dans la Mühlenstraße où les maisons ont été rénovées avec le plus grand soin.

In der historisch gewachsenen Stadt haben auch moderne Bauten ihren Platz wie dieses Behnisch-Haus zwischen Loh- und Peterstraße. Obwohl Funktionalität im Vordergrund steht, vermittelt das Café & Bar Celona eine gemütliche Atmosphäre.

In this historically evolved city modern buildings also have their place, like Behnisch House here between Lohstrasse and Peterstrasse. Although the focus is on functionality, the Café & Bar Celona conveys a cozy atmosphere.

Dans cette ville au long passé, les édifices modernes comme la Behnisch-Haus, entre les rues Lohstraße et Peterstraße, ont aussi leur place. Bien que son caractère fonctionnel soit déterminant, le Café & Bar Celona dispense une atmosphère intime et douillette.

CAFE & BAR CELONA
CAFE & BAR CELONA
CAFE & BAR CELONA
CAFE & BAR CELONA
CAFE & BAR CELONA

Mit seinem umfangreichen Angebot und der fußgängerfreundlichen Innenstadt (oben: Schwanen Markt) ist Krefeld ein beliebtes Einkaufsziel für das weite Umland. Hier macht die Samt und Seidenstadt ihrem Namen auch alle Ehre, denn jedes Jahr im September findet hier die größte Straßenmodenschau der Welt statt, die die ganze City zum Laufsteg macht. Rund 500.000 Besucher zieht dieses gigantische Spektakel nach Krefeld.

With its broad selection of activities and attractions and the pedestrian-friendly downtown area (above: Schwanen Markt) Krefeld is a popular shopping place for the extensive surrounding region. The city of velvet and silk does credit to its name since the largest street fashion show in the world takes place here in September every year, making the entire center a fashion stage. Around 500,000 visitors are attracted to Krefeld by this gigantic spectacle.

Avec son centre-ville réservé aux piétons et son vaste choix de marchandises (ci-dessus le marché Schwanen) Krefeld attire les acheteurs de toute la région. La ville de la soie et du velours fait honneur à son nom. En effet, chaque année en septembre, a lieu le plus grand défilé de mode de rue au monde. Tout le centre-ville lui sert de passerelle. Ce gigantesque spectacle attire près de 500 000 visiteurs à Krefeld.

Als im 19. Jahrhundert die Stadtmauer fiel, entwarf der Düsseldorfer Baumeister Adolph von Vagedes ein Wallviereck um den historischen Stadtkern. Für die schönste dieser Prachtstraßen, dem Ostwall, schuf der Künstler Adolf Luther die „Integration“. Bewegliche Linsen schaffen stets neue, veränderte Blicke auf die Umgebung und in der Spiegelung.

When the city wall fell in the 19th century, Düsseldorf architect Adolph von Vagedes designed a "bulwark square" around the historical core. For one of these "bulwark streets", Ostwall, artist Adolf Luther created "Integration". The moving lenses constantly create new, altered views of the surrounding area, also through the reflection.

Lorsqu'au 19e siècle les fortifications de la ville furent démolies, l'architecte de Düsseldorf, Adolph v. Vagedes, dessina un quadrilatère autour du vieux centre historique. Pour l'une de ces rues, l'Ostwall, l'artiste Adolf Luther a créé l'«Intégration». Les lentilles mobiles font surgir des vues toujours nouvelles des alentours, comme le sont aussi leurs reflexions.

Zwei Beispiele für die Sorgfalt, mit der in Krefeld alte Häuser wieder herausgeputzt wurden: ein klassizistisches Haus in der Blumenstraße (Bild links) und das aus dem 18. Jahrhundert stammende Floh'sche Haus in der Friedrichstraße, das Haus eines Seidenfabrikanten (Bild rechts).

Two examples of the care with which old houses in Krefeld have been decked out again: a classical house in Blumenstrasse (picture on left) and the „Floh'sche Haus“ dating from the 18th century in Friedrichstrasse, the house of a silk manufacturer (picture right).

Deux exemples du soin avec lequel les vieux édifices de Krefeld ont été rajeunis: Une maison néoclassique dans la Blumenstraße (à gauche) et la Floh'sche Haus du 18e siècle dans la Friedrichstraße, la demeure d'un fabricant de soie (à droite).

Friedrichstr.

Wohlstand und bürgerlicher Anspruch sprechen auch aus dem Bild des zu Anfang unseres Jahrhunderts erbauten Gymnasiums, dessen Schauseite den ganzen Moltkeplatz beherrscht. Bildung, Berufsausbildung wird aber auch heute noch groß geschrieben in dieser Stadt mit der Fachhochschule Niederrhein, die für Chemie, Textil und Maschinenbau Studiengänge besitzt.

Prosperity and middle-class standards are expressed in the picture of the Gymnasium (grammar school), built at the beginning of this century, whose "show" side dominates the entire Moltkeplatz. Education and occupational training are also of great importance today in this city with the Lower Rhine Technical College, having departments in chemistry, textiles and mechanical engineering.

Prospérité et assurance bourgeoises s'expriment dans cette photo du Gymnasium, construit au début du siècle dernier et dont la façade domine toute la Moltkeplatz. L'enseignement, l'éducation professionnelle jouent encore un rôle important dans cette ville avec l'Ecole Professionnelle Spécialisée du Bas-Rhin et ses facultés de chimie, de textile et de genie mécanique.

Markantes Bauwerk im Stadtbild: Der älteste Wassertum Krefelds in der Gutenbergstraße, erbaut 1877, gehört zu den frühen Beispielen neuzeitlicher kommunaler Versorgungseinrichtungen.

A striking structure in the townscape: Krefeld's oldest water tower in Gutenbergstrasse, built in 1877, is among the early examples of modern municipal public utilities.

Un édifice marquant dans la physionomie de la ville: le plus vieux château d'eau de Krefeld dans la Gutenbergstraße, construit en 1877. C'est l'un des premiers exemples d'aménagement public moderne.

Auf dem Westwall hat sich ein Wochenmarkt etabliert, der aus der ganzen Region mit frischem Gemüse und Blumen beschickt wird. Der Westwall gehört mit Ost-, Süd- und Nordwall zur sechsten Stadterweiterung, die nach einem Plan des Adolph von Vagedes ab 1819 ausgeführt wurde.

A weekly market, supplied with fresh vegetables and flowers from the whole region, has established itself at Westwall. Westwall, along with Ostwall, Südwall and Nordwall, is part of the sixth expansion of the city which was carried out according to plans of Adolph von Vagedes beginning in 1819.

Un marché hebdomadaire avec des fleurs et des fruits frais de toute la région a pris place au Westwall. Le Westwall, l'Ostwall, le Südwall et le Nordwall (Wall = remblai) font partie de la sixième extension de la ville, exécutée d'après les plans d'Adolph von Vagedes à partir de 1819.

Welch menschlich freundlicher Ton muss in einer Stadt herrschen, die einen so entzückenden Brunnen mit beweglichen Bronzefiguren setzen lässt. Die Figuren zeigen historische Gestalten der Stadtgeschichte: Fürst Arpvar v. Gellep, Gräfin Mechthild v. Kleve, ein Leinenweberpaar um 1600 und das Ehepaar v. d. Leyen, welche die Seidenweberei in Krefeld eingeführt haben. Geschaffen wurde der Brunnen von Bonifatius Stirnberg.

A humanly friendly tone just has to be predominant in a city that is the site of such a charming fountain with moving bronze figures. The figures portray historical prersonalities of the city: Elector-Prince Arpvar v. Gellep, Countess Mechthild v. Kleve, a linen weaver couple around 1600 and the v. d. Leyen couple who introduced the silk weaving mill in Krefeld. The fountain was created by Bonifatius Stirnberg.

Une ville ornée d'une aussi charmante fontaine aux statues de bronze mobiles, ne peut être qu'humaine et accueillante. Les statues représentent des personnages de l'histoire de la ville: Le prince Arpvar v. Gellep, la comtesse Mechtild v. Kleve, un couple de tisseurs de lin vers 1600 et le couple v. d. Leyen qui introduisit le tissage de la soie à Krefeld. Cette fontaine est l'œuvre de Bonifatius Stirnberg.

Das Krefelder Weberdenkmal zeigt mit „Meister Ponzelar" den typischen Krefelder Seidenweber, der nach einem Entwurf von J. Stiegemann 1911 von dem Bildhauer Schmiemann geschaffen wurde. Das heutige Denkmal ist ein Neuguss nach den erhalten gebliebenen alten Gussformen und verschönert seit 1957 seinen Standort an der Ecke Ostwall/Südwall.

The city's monument to the weavers displays "Meister Ponzelar", a typical Krefeld silk weaver, who was created by sculptor Schmiemann according to a design by J. Stiegemann in 1911. The present monument is a new casting according to the preserved old casting molds and has embellished its location at the corner of Ostwall and Südwall since 1957.

Le monument aux tisserands de Krefeld: „Maître Ponzelar" représente le tisseur de soie typique de Krefeld. Il a été exécuté en 1911 par le sculpteur Schmiemann d'après une esquisse de J. Stiegemann. Le monument actuel est une refonte effectuée d'après le vieux moule qui avait été préservé. Il orne depuis 1957 le coin des rues Ostwall et Südwall.

Ein Straßenbild der Jahrhundertwende (1900), das ist die Südstraße mit Blick auf St. Josef. Was der Krieg verschonte, hat man liebevoll instand und in Farbe gesetzt.

A street setting of the turn of the century, Südstrasse with a view of St. Josef. Everything which was spared the destruction of the war has been painstakingly restored and given color.

Un cadre fin de siècle: la Südstraße avec vue sur St. Josef. Ce que la guerre a épargné a été tendrement rénové et pourvu de couleurs.

Kulturelles Krefeld

Dank der Zusammenarbeit mit Mönchengladbach kann sich Krefeld, mit weniger als einer Viertel Million Einwohnern, das volle Programm eines Dreispartentheaters leisten. Ob Schauspiel, Oper, Ballett, Musical oder Jugendtheater, hier gibt es ein breit gefächertes Angebot für jeden Geschmack. Die Quelle des Wohlstands und der geistigen Aufgeschlossenheit: die Seidenweberei, die seit dem 17. Jahrhundert hier begründet ist, gab den Namen für

Thanks to the cooperation with Mönchengladbach, Krefeld can, with fewer than a quarter of a million inhabitants, offer the full program of a three-section theater. Whether drama, opera, ballet, musical or youth theater, here there is a broad selection for every taste. The source of prosperity and of the intellectual open-mindedness: the silk weaving mill, which has prospered here since the 17th century, gave the Silk Weavers' House (right), a venue

Grâce à sa collaboration avec Mönchengladbach Krefeld peut s'offrir, avec moins d'un quart de millions d'habitants, le programme complet d'un théâtre à trois sections. Qu'il s'agisse d'art dramatique, d'Opéra, de ballet, de comédie musicale ou de pièces d'avant-garde, l'offre répond à tous les goûts. La Seidenweberhaus (à droite) doit son nom aux filatures de soie, source de prospérité et d'ouverture d'esprit depuis le 17e siècle. Elle accueille un large

das Seidenweberhaus (oben), dem Veranstaltungsort für ein breites Spektrum. Außer Konzerten, Messen, Tagungen finden hier auch die jährlichen Ausstellungen des Krefelder Künstlers Will Cassel statt. Vielen Ansprüchen gerecht wird auch der KönigPALAST dank seiner Multifunktionalität. Geeignet für jede Sportart, vom Eislauf bis zur Tanz-WM, Shows und vom kleinen Konzert bis zur Oper bietet er Platz für 9000 Personen.

for diverse events, its name. Besides concerts, trade fairs and conferences, the annual exhibitions of Krefeld artist Will Cassel take place here. Thanks to its multifunctionality, KönigPALAST also meets a variety of requirements. Suitable for any type of sport, from ice-skating to the world dance championship, from shows and small concerts to opera performances, it provides seating for 9,000 persons.

éventail de manifestations: concerts, foires, congrès ainsi que les expositions annuelles de l'artiste de Krefeld Will Cassel. Les multiples fonctions du KönigPALAST comblent aussi toutes les attentes. On peut y pratiquer toutes sortes de sports, du patin à glace au championnat du monde de danse. Il présente des shows, de petits concerts et même des opéras et peut recevoir jusqu'à 9000 spectateurs.

Man kann in Krefeld von einer ganzen Museumslandschaft sprechen. An ihrem Anfang steht das 1897 eröffnete Kaiser-Wilhelm-Museum, das der Kunst von der Gotik bis zum Anfang unseres Jahrhunderts einen repräsentativen Rahmen bietet, sich darüber hinaus aber auch dem gegenwärtigen Kunstschaffen widmet. Besondere Beachtung haben die vielen Exponate des 1921 in Krefeld geborenen Künstlers Joseph Beuyss und des ebenfalls Krefelder Künstlers Adolf Luther, der u.a. die „Integration" am Ostwall schuf. Die Kulturfabrik/KUFA

In Krefeld one can speak of a great museum landscape. At its beginning stands the Kaiser-Wilhelm-Museum, opened in 1897, which provides a representative setting for art from the Gothic period to the beginning of this century but also displays contemporary art creations. Of major importance are the numerous exhibits of artist Joseph Beuys, who was born in Krefeld in 1921, and of Krefeld artist Adolf Luther, who created "Integration" at Ostwall, among other things. The Cultural Factory/ KUFA (right) and the Cultural Center of the

On peut parler à Krefeld de tout un paysage de musées. Le premier construit est le Kaiser-Wilhelm-Museum, inauguré en 1897. Il accueille dans un cadre majestueux des œuvres d'art allant du gothique au début du siècle dernier, sans oublier la production artistique contemporaine. Les nombreuses œuvres de l'artiste Joseph Beuys, né en 1921 à Krefeld et d'un autre artiste de la ville, Adolf Luther à qui l'on doit, en particulier, l'«Intégration» de l' Ostwall, revêtent une importance particulière. La Kulturfabrik/KUFA (à droite) et le Centre

und das Kulturzentrum der Stadt Krefeld – Fabrik Heeder präsentieren sich im historischen Gemäuer. Während im KUFA Musik, Kabarett und Kleinkunst dargeboten wird, zeigt das Programm der Fabrik Heeder Schauspiel, Tanz, Kindertheater, Film- und Fotoausstellungen und bietet Raum für Lehrgänge kultureller Art.

city of Krefeld – Fabrik Heeder – present themselves in the historical wall. While music and cabaret are offered in KUFA, Fabrik Heeder's program of events includes drama, dance, children's theater, film and photo exhibitions and also offers cultural courses.

Culturel de la Ville de Krefeld- Fabrik Haeder ont choisi un cadre ancien. Tandis que la KUFA présente de la musique, du cabaret, des fantaisistes, le programme de la Fabrik Haeder comprend art dramatique, danse, théâtre pour enfants, exposition de films et de photographies et cours relatifs à la culture.

Ein ganz besonderer Glücksfall ist, dass das Kaiser-Wilhelm-Museum für die Betreuung des gegenwärtigen Kunstschaffens die beiden, 1928 und 1930 von Ludwig Mies von der Rohe erbauten Häuser Esters und Lange (oben) erhielt. Die einst als Wohnhäuser für die Chefs der Vereinigten Seidenweberei Joseph Esters und Hermann Lange erbauten Häuser dienen heute der modernen Kunst

It is a particular stroke of luck that the Kaiser-Wilhelm-Museum received the two houses built by Ludwig Mies van der Rohe in 1928 and 1930, Esters and Lange (above), to accommodate contemporary creations of art. The two edifices, once built as residences for the heads of the silk weaving company Vereinigte Seidenweberei, Joseph Esters and Hermann Lange, are used today to display modern art

On doit à un coup de chance particulier que le Kaiser-Wilhelm-Museum ait pu acquérir les deux maisons Esters et Lange de 1928 et 1930, œuvres de Ludwig Mies van der Rohe, pour abriter les collections d'art contemporain (ci-dessus). Ces deux édifices construits jadis pour servir de demeure aux patrons des Filatures de Soie Unies, Joseph Esters et Hermann Lange, servent à présent l'art moderne. Le cadre de

außerhalb der sonst üblichen musealen Atmosphäre und in Verbindung mit zwei „Klassikern“ der Architektur des vergangenen Jahrhunderts. Während das Stammhaus im Stadtinneren eine ständige museale Ausstellung zeigt, sind diese beiden, in Gärten eingebetteten Häuser wechselnden Ausstellungen, künstlerischen Experimenten, vorbehalten.

outside the otherwise usual museum atmosphere as well as in connection with two “classics” of the architecture of that century. While the original building provides a permanent museum exhibition in the town center, these two houses surrounded by gardens offer different exhibitions and artistic experiments.

ces deux «classiques» de l’architecture du siècle dernier dispense une atmosphère bien différente de celle des musées habituels. Tandis que l’édifice d’origine au centre de la ville présente des collections permanentes, ces deux maisons entourées de jardins sont réservées à des expositions temporaires et à l’expérimentation.

Von einmaliger Bedeutung ist indes das „Deutsche Textilmuseum Krefeld“. Im Laufe von über 100 Jahren wurden rund 26.000 Objekte aus aller Welt gesammelt, von denen einige so empfindlich und kostbar sind, dass sie nur jeweils drei bis vier Monate in Wechselausstellungen hintereinander gezeigt werden können. Zu diesem einmaligen Museum gehört auch eine Zentrale Forschungsstelle für Restaurierung historischer Gewänder.

The "Krefeld German Textile Museum" is of unique significance. In the course of over 100 years around 26,000 objects were collected from all over the world, some of them so delicate and valuable that they can only be displayed for 3 to 4 months at a time in changing exhibitions. A Central Research Office for the restoration of historic garments is also part of this unique museum.

Le «Musée Allemand du Textile de Krefeld» est d'une importance exceptionnelle. Durant plus d'un siècle, quelques 26000 objets du monde entier ont été rassemblés dans des expositions temporaires. Certains d'entre eux sont si fragiles et si précieux qu'ils ne peuvent être montrés que trois ou quatre mois de suite. Ce musée unique en son genre comprend aussi un Bureau Central de Recherche pour la restauration des vêtements anciens.

ihsus
ihsus

In Krefeld-Linn hat sich die Möglichkeit geboten, neben dem Museum in der Innenstadt einen am Rande der Stadt gelegenen Komplex einzurichten, der mehr Freizeitwerte besitzt und in der Burg der Stadt- und Kulturgeschichte sowie der Vor- und Frühgeschichte gewidmet ist.

In Krefeld-Linn a possibility has opened up of setting up a second museum on the outskirts of the city (in addition to the one downtown) offering greater recreational advantages and dedicated to city and cultural history as well as to prehistory and early history at its location in the castle complex.

En plus du musée du centre-ville l'occasion s'est présentée d'aménager à Krefeld-Linn un complexe situé à la limite de la ville et mieux adapté à la détente. Le château est dédié à l'histoire de la ville et de la culture de même qu'à la préhistoire et à la proto-histoire.

Im Jagdschlösschen in der Vorburg der mittelalterlichen Burg Linn sind Krefelder Bürgerzimmer des 18. und 19. Jahrhunderts und eine niederrheinische Küche ausgestellt. In einem anderen Bau dieses Museumskomplexes sind eine umfangreiche Sammlung römischer Gläser und Funde aus einem fränkischen Fürstengrab zu sehen.

In the hunting lodge of medieval Linn Castle, rooms of Krefeld's bourgeoisie of the 18th and 19th centuries and a Lower Rhine kitchen are exhibited while in another building of this museum complex an extensive collection of Roman glasses and finds from a Franconian elector-prince tomb can be seen.

Le pavillon de chasse aménagé dans un avant-corps du château médiéval de Linn est dédié à la bourgeoisie de Krefeld des 18 et 19e siècles et comprend aussi une cuisine du bas Rhin. Un autre édifice de ce complexe de musées abrite une importante collections de verrerie romaine et des objets provenant de la tombe d'un prince franconien.

Eingebettet in ein großes Parkgrundstück, dem Sollbrüggen-Park, liegt diese noble, 1840 als Landsitz für den Seidenhändler de Greif erbaute klassizistische Villa, die heute als Musikschule genutzt wird und wo Lesungen und Konzerte stattfinden (links).
In einem schönen Park nahe der Burg Linn liegt das zauberhafte Haus Greiffenhorst, um 1840 von O. v. Gloeden erbaut. Es bietet heute für Vortrags- und Konzertveranstaltungen ein historisches Ambiete (oben).

Situated in the large park grounds of Sollbrüggen-Park, this noble classical villa was built as a country residence for the silk trader de Greif in 1840 and is now used as a music school where readings and concerts also take place (left).
Haus Greiffenhorst, located in a beautiful park near Linn Castle and built by O. v. Gloeden around 1840, offers a historical setting for lecture and concert events today (above).

Située dans un vaste parc, le Sollbrügen-Park, cette noble villa de style néoclassique, construite en 1840, était la maison de campagne du marchand de soie de Greif. Elle accueille à présent l'école de musique, lectures et concerts (à gauche).
Entourée d'un beau parc, près du château de Linn, la charmante maison Greiffenhorst, construite vers 1840 par O. v. Gloeden, offre un cadre historiqueà la présentation d'exposés et de concerts (ci-dessus).

Krefelds grüne Vororte: Linn, Uerdingen und Hüls

Burg Linn (links), ehemals eine kurkölnische Landesburg, ist eine der ältesten Großburgen des Niederrheins. Bereits im 12. Jahrhundert gab es hier einen befestigten Platz: die heutige Burg wurde im wesentlichen aber im 15. Jahrhundert gebaut und 1701–04 in Brand gesteckt. Zweihundertfünfzig Jahre blieb die Anlage als Ruine liegen, bis die Stadt sie 1924 erwarb. Nach dem Wiederaufbau wird sie als Museum genutzt. Zur erholsamen Einkehr nach langen Besichtigungen und Wanderungen lädt ein der Winkmannshof in Linn.

Linn Castle, formerly a "kurkölnische" state castle, is one of the oldest of the large castles in the Lower Rhine region. Fortifications existed here as early in the 12th century: the present castle was, however, essentially built in the 15th century and destroyed in 1701–04. The grounds remained as ruins for 250 years, until the city acquired it in 1924 and made parts of it usable again. Winkmannshof in Linn is an inviting spot for a rest after long walking tours and hikes.

Le château de Linn (à gauche), un château du prince-électeur de Cologne, est l'une des plus vieilles forteresses du bas Rhin. Ce lieu a été fortifié dès le 12e siècle mais le château actuel date, pour l'essentiel, du 15e siècle. Incendié en 1701–04. Il resta en ruines pendant 250 ans, jusqu'à ce que la ville en fasse l'acquisition en 1924 et le reconstruise. Il sert à présent de musée. Après randonnées et visites on peut se reposer et se restaurer au Winkmannshof à Linn.

Nicht nur als Ausflugsziel ziehen die vielen, sich wie ein Kranz um die Innenstadt legenden grünen Stadtteile die Besucher an. Mit eigenem Profil, schönen Wohngegenden und malerischen Zentren. Insbesondere Linn mit Burg Linn und Park und dem mittelalterlichen Stadtkern,

The green sections of the city, wrapped around the center like a wreath, not only attract visitors on outings. With their own distinctive image they also offer lovely residential areas and picturesque centers. Particularly Linn with Burg Linn and a park as well as the medieval

Les nombreux quartiers verts qui entourent la ville comme une couronne ne sont pas que des lieux d'excursion pour les visiteurs. Ils ont leur propre personnalité, de belles rues résidentielles et des centres pittoresques. C'est le cas de Linn, en particulier, avec son château et son parc et

der komplett unter Denkmalschutz steht. Aber auch moderne Architektur, wie hier am Margaretenplatz (links) behauptet sich im Ortsbild und stellt keinen Widerspruch dar zur fast dörflichen Straße am Andreasmarkt wo noch ein Maibaum seinen Platz findet.

center, which is entirely classified as a historical monument. But also modern architecture, like here at Margaretenplatz (left), asserts itself in the townscape and does not represent a contradiction to the nearly village-like street at Andreasmarkt, where there is still space for a maypole.

le vieux noyau médiéval de la ville, entièrement classé monument historique. L'architecture moderne, cependant, a elle aussi sa place, comme ici à la Margaretenplatz (à gauche) et ne jure nullement avec la rue au charme presque villageois au Andreasmarkt et son arbre de mai.

Cerestar

Durch seine direkte Lage am Rhein wurde Uerdingen zum Industriestandort mit bedeutendem Hafen. Hier hat sich die Großindustrie angesiedelt wie Stahl- und Maschinenbau, Chemie- und Textilindustrie, allen voran jedoch Bayer, der größte Arbeitgeber der Stadt. Von den 3,4 Millionen Tonnen Jahresumschlag wird fast die Hälfte der Industrieproduktionen ins Ausland verkauft. Damit nimmt Krefeld eine Spitzenposition in der Bundesrepublik ein.

Due to its location directly on the Rhine, Uerdingen became an industrial city with a major port. Large industrial enterprises in such sectors as structural steel engineering, mechanical engineering as well as the chemical and textile industry have located here, led by Bayer, the largest employer in the city. Nearly half of the annual turnover volume of 3.4 million tons of industrial production is sold abroad. This means Krefeld holds a top position in Germany.

Grâce à sa situation sur la rive du Rhin, Uerdingen est devenu un lieu d'implantation d'industries et un port important. L'industrie lourde s'y est installée, aciéries, constructions mécaniques, industrie chimique et textile mais surtout la compagnie Bayer, le premier employeur de la ville. Des 3,4 millions de tonnes de la production annuelle, presque la moitié est vendue à l'étranger. Ceci donne à Krefeld une position de première importance dans la République Fédérale.

Der 45 ha große Botanische Garten im Krefelder Schönwasserpark lockt mit prächtiger Farbenfülle im Rosen- und Bauerngarten, bei den Sumpf- und Wasserpflanzen und Arboretum. Viele Ausflügler zieht es in den Sommermonaten in die 140 Hektar große Freizeitlandschaft Elfrather See. Ein Paradies für jede Art von Wassersport und allen mit dem kühlen Nass verbundenen Freuden.

The Botanical Garden, which measures 45 ha and is situated in Krefeld's Schönwasserpark, attracts visitors thanks to the marvelous abundance of color in its rose and country garden, the marsh and aquatic plants and its arboretum. Many day trippers are lured to the 140-hectare Elfrather See recreational area during the summer months. A paradise for every kind of water sport with all the enjoyment offered by this cool and wet environment in the summer heat.

Le Jardin Botanique, situé dans le Schönwasserpark de Krefeld, est grand de 45 hectares. La roseraie, le jardin paysan, l'arboretum, les plantes aquatiques ravissent le visiteur par la magnificence de leurs couleurs. Pendant les mois d'été le paysage du lac d'Elfrather See, grand de 140 hectares, attire les vacanciers. C'est un paradis pour tous les amateurs de sports aquatiques et de joies liées à la fraîcheur de l'eau.

Für Alt und Jung, Familien und Schulen ein sehr beliebtes Ausflugsziel ist der Zoo. Rund 1000 Tiere in ca. 280 Arten werden hier gehalten und für bestimmte Tiergruppen wurden sogar

A very popular spot for outings for young and old, families and schools is the zoo. Around 1,000 animals of approx. 280 species are kept here and even special domiciles were created

Jeunes et vieux, les familles et groupes scolaires, tout le monde aime aller au zoo. On y trouve près de 1000 animaux, appartenant à 280 espèces. Certains groupes d'animaux ont leur

eigene Häuser geschaffen, wie das Affentropenhaus, eines der größten und modernsten in Europa, das Großtierhaus, tropische Vogelhalle und Regenwaldhaus. Besondere Anziehungspunkte sind die nachmittäglichen Vorführungen der Elefanten- und Seehund-Dressur.

for certain animal groups, such as the Tropical Primate House, one of the largest and most modern in Europe, the Large Animal House, the Tropical Bird House and the Rainforest House. Special attractions include the performances of the elephants and seals in the afternoon.

propre habitation comme la maison tropicale des singes, la plus grande et la plus moderne d'Europe, la maisons des gros animaux, la volière des oiseaux tropicaux et la serre de la forêt tropicale. Tous les après-midi, le dressage des éléphants et des phoques est une attraction très appréciée.

Der Krefelder Stadtwald ist ein beliebtes Ausflugsziel dieser Stadt, die zur Hälfte aus Grünflächen besteht. Ein Weiher lädt ein zur Bootsfahrt und das vor über 100 Jahren errichtete Stadtwaldhaus zum rasten, zumal wenn im

Krefeld's Stadtwald, half of which consists of green areas, is another popular place for an outing. There is a pond for boat trips and the Stadtwald House, built over 100 years ago, for a rest, especially when the beer garden creates

Le Stadtwald est un lieu d'excursions très aimé des habitants de Krefeld dont la moitié est constituée d'espaces verts. Sur l'étang on peut faire des tours de barque et la Stadtwaldhaus, vieille de plus de cent ans, invite à se reposer,

Sommer der Biergarten Urlaubsstimmung aufkommen lässt (oben). Auch die Freunde von Pferderennen und Golf haben hier im Stadtwald ihren Treffpunkt, wo man im ganzjährig geöffneten Rennbahnrestaurant kulinarische Köstlichkeiten genießen kann.

a holiday atmosphere in summer (above). Horse-racing and golf fans also have a meeting place here in Stadtwald, where people can enjoy culinary delicacies at the Rennbahn Restaurant, which is open year round.

surtout l'été, lorsque la brasserie en plein air donne envie de prendre des vacances (ci-dessus). Les amateurs de courses de chevaux et de golf se retrouvent aussi au Stadtwald où, dans le restaurant du champs de courses, on peut se régaler, toute l'année, de mets délicieux.

Uerdingen, seit 1929 ein Teil von Krefeld, besitzt in der Gruppe der Herberzhäuser, die ab 1832 für die Brüder Herberz errichtet wurden, ein wunderschönes Rathaus, das zugleich Apotheke und Amtsgericht aufnimmt (rechte Seite). Der schöne klassizistische Bau mit guter Innenausstattung ist das „Neue“ Rathaus im

Uerdingen, since 1929 a part of Krefeld, possesses a magnificent Town hall, which also accommodates a pharmacy and the District Court (p. 47), in the group of Herberz houses that were built for the Herberz brothers beginning in 1832. The beautiful classical building with its excellent interior furnishings

Uerdingen, réuni à Krefeld en 1929, possède un magnifique hôtel de ville qui comprend également une pharmacie et le tribunal du district (p. 47). Ce groupe d'édifices, les «Herberzhäuser» a été construit en 1832 pour les frères Herberz. Cet édifice néoclassique au bel ameublement est le «Nouvel» Hôtel de

Vergleich zum „Alten“ Rathaus (links) an der Südseite des Marktes, das 1714–25 mit dem zierlichen Schweifgiebel gebaut worden war. Beide Bauten sind Beispiel dafür, mit welcher Liebe sich die Stadt der Zeugnisse ihrer Geschichte annimmt.

is the "New Town Hall" in contrast to the "Old Town Hall" (left) on the south side of the market which was built with the delicate, curving gable in 1714–25. Both edifices are examples of the love that the city shows for its historical heritage.

Ville par opposition au «Vieil» Hôtel de Ville (à gauche), sur le côté sud du marché, construit entre 1714–25 et orné d'un délicat pignon à volutes. Ces deux édifices témoignent du soin avec lequel la ville veille sur les témoins de son histoire.

So wie Uerdingen noch sein Rathaus hat, so hat es auch sein eigenes Zentrum mit Fußgängerzone, einer Zentrierung des Einzelhandels, und seine Gründerzeitbereiche mit guten, noch intakten Straßenbildern. Die Niederstraße (oben) seit 1978 Fußgängerbereich, ist die Haupteinkaufsstraße der alten „Rheinstadt" Uerdingen. Hier am Rhein steht auch die älteste

Just as Uerdingen still has its Town Hall, it also has its own center with pedestrian zone, a concentration of retail shops and its areas of the "Gründer" period (from 1871) with lovely, still intact street settings. Niederstrasse (above), a pedestrian zone since 1978, is the main shopping street in the old "Rhine city" of Uerdingen. Here on the Rhine is also the oldest church in

De même qu'Uerdingen possède encore son propre hôtel de ville, ce quartier a aussi son propre centre avec une zone piétonne, une forte concentration de commerces de détail et ses rues encore intactes datant de la Fondation de l'Empire. La Niederstraße (ci-dessus), zone piétonne depuis 1978, est la principale rue commerciale de la vieille «ville du Rhin»

Kirche Krefelds, die St. Matthias-Kirche in Hohenbudberg. Wie in der Alten Krefelder Straße (oben) zeigen sich überall im Stadtbild hervorragend instand gehaltene Häuser und Fassaden, teils mit liebevoll gepflegten Details wie z.B. hier am ehemaligen Gasthaus zum Heiligen Michael.

Krefeld, St. Matthias Church in Hohenbudberg. As in Alte Krefelder Strasse (above), excellently preserved buildings and facades can be found everywhere in the townscape, sometimes with lovingly maintained details, such as here in the former Gasthaus zum Heiligen Michael.

d'Uerdingen. Ici, au bord du Rhin, se trouve également la plus vieille église de Krefeld, l'église St. Matthias à Hohenbudberg. Comme dans Alte Krefelder Straße (ci-dessus) on trouve partout des maisons et des façades bien conservées avec, parfois, des détails entretenus avec le plus grand soin, comme ici, sur les murs de l'auberge «Saint-Michel».

Hüls gehört mit anderen Randgemeinden zu den letzten Eingemeindungen: es wurde 1975 mit Krefeld vereint. Kein Wunder, dass auch dieser Stadtteil noch sein (Bezirks-) Rathaus besitzt, einen schönen, klassizistischen Bau.

Hüls along with other communities on the outskirts is one of the last communities to be incorporated into Krefeld: it became part of Krefeld in 1975. It is no suprise that this city district also possesses its (district) Town Hall, a beautiful, classical building.

Hüls est l'une des dernières communes limitrophes a avoir été incorporée à Krefeld (1975). Rien d'étonnant donc à ce que ce quartier ait encore, lui aussi, son propre hôtel de ville, un bel édifice de style néoclassique.

Bereits im 16. Jahrhundert wurde hier am Hülser Markt, neben der Hülser Pfarrkirche, ein Gasthausbetrieb urkundlich nachgewiesen. Somit gehört der historische Gasthof zur Rose aus dem 16. Jahrhundert zu den ältesten Krefelder Gaststätten und ist beliebter Treffpunkt für Jung und Alt.

According to historical documents, there was an inn here at the Hüls Market, next to the Hüls parish church, back in the 16th century. Thus, the historical Gasthof zur Rose from the 16th century numbers among Krefeld's oldest restaurants and is a popular meeting place for young and old.

Les documents nous apprennent qu'au 16e siècle il y avait déjà une auberge au Hülser Markt, à côté de l'église paroissiale de Hüls. Ainsi le restaurant du 16e siècle «Chez Rose» est l'un des plus anciens de Krefeld et un lieu de rencontre très aimé des jeunes et des vieux.

Traulichkeit kommt auf beim Anblick dieser schön erhaltenen, schön gepflegten Kleinstadtstraße, der Konventstraße im Stadtteil Hüls, mit Häusern des 18. Jahrhunderts (oben). Einst Beginenhaus, dann Frauenkloster, das 1802 aufgelöst wurde, zeigt sich die renovierte Hülser Klausur, kurz „Klus“ genannt, heute von ihrer schönsten Seite (rechts).

Looking at this beautifully preserved and beautifully maintained small town street gives one an impression of coziness. It is Konventstrasse in Hüls with houses of the 18th century (above). Once a house for the Beguine order, then a convent that was closed down in 1802, the renovated Hülser Klausur, also called “Klus” for short, shows itself at its loveliest today (right).

Cette rue de petite ville bien conservée et bien entretenue, dans le quartier de Hüls, est empreinte d'un charme intime. Les maisons qui la bordent datent du 18e siècle (ci-dessus). Jadis maison de béguines puis couvent de femmes, aboli en 1802, la «Hülser Klausur», ou simplement «Klus», a été rénovée et se montre sous son plus bel angle (á droite).

Einen weiten Blick ins Land kann man vom Aussichtsturm Hülser Berg genießen. Hier ist auch die Endhaltestelle für „Schluff", die liebevoll gepflegte Krefelder Museumseisenbahn. Vom Frühjahr bis zum Herbst dampft die historische Lok mit den alten Personen- und Packwagen zwischen St. Tönnis und Krefeld-Nord zum Hülser-Berg wo die Fahrgäste wandern oder auf den mitgebrachten Rädern auf große Fahrradtour gehen können, denn Krefeld ist durch ein dichtes Netz an Radwegen an die 2000 km lange Niederrhein-Route angeschlossen.

You can enjoy an expansive view of the surrounding countryside from the Hülser Berg observation point. This is also the terminus for "Schluff", the lovingly maintained Krefeld museum railway. From spring to autumn the historical locomotive puffs its way with the old passenger and baggage cars between St. Tönnis and Krefeld-Nord to Hülser-Berg, where the passengers can go for a hike or on a long cycling tour on the bikes they have brought with them. After all, Krefeld is connected to the 2,000 km long Lower Rhine Route by virtue of a dense network of bike paths.

De la tour panoramique du mont Hülser la vue s'étend sur toute la région. C'est aussi le terminus de «Schluff», le train musée de Krefeld, entretenu avec le plus grand soin. Du printemps à l'automne, la vieille loco à vapeur s'essouffle avec ses vieux wagons de passagers ou de marchandises entre St. Tönnis et Krefeld-Nord jusqu'au mont Hülser où les passagers font des randonnées ou de grandes excursions sur les bicyclettes qu'ils ont amenées. Krefeld est en effet relié par un réseau dense de chemins cyclistes au circuit du bas Rhin, long de 2000 kilomètres.

Chronik

1105
wurde Krefeld ein erstes Mal erwähnt – es gehörte damals den Grafen von Moers
1150, 1185 und ebenfalls im 12. Jahrhundert
Erstmalige Erwähnungen der heutigen Stadtteile Fischeln, Hohenbudberg, Linn und Uerdingen
1314
Der heutige Stadtteil Linn als Stadt erwähnt
1373
Graf Friedrich II. von Moers erhebt Krefeld zur Stadt
Ab 1565
wurde die Reformation in Krefeld eingeführt
1584
Zerstörung der Stadt
1607
Krefeld fällt durch Erbschaft an das Haus Oranien
Ab etwa 1650
Zuwanderung von reformierten und mennonitischen Flüchtlingen
1702
Krefeld an Preußen
1720
Einführung des Seidengewerbes durch Adolf von der Leyen
1678, 1711, 1738, 1752, 1766
Erweiterung des alten Stadtkerns nach allen vier Himmelsrichtungen
1800–1813
Krefeld Hauptstadt des französischen Roerdepartments
Ab 1819
Sechste sehr umfangreiche Stadterweiterung nach Plan von Adolph von Vagedes
Um 1880
Einführung der mechanisierten Seiden- und Samtindustrie
1901
Eingemeindung von Linn
1929
Eingemeindung von 5 weiteren Vororten
1940–44
Zerstörung der Stadt zu etwa zwei Dritteln
1975
Eingemeindung von Hüls
2000
240.000 Einwohner
2003
Die Pinguine werden Deutscher Meister im Eishockey
2004
Die Multifunktionshalle KönigPALAST wird eröffnet

Chronicle

1105
Krefeld is mentioned for the first time – it then belonged to the counts of Moers
1150, 1185 and also in the 12th century
First mention of the present districts of Fischeln, Hohenbudberg, Linn and Uerdingen
1318
The present district of Linn mentioned as a city
1373
Count Friedrich II from Moers elevates Krefeld to the status of a city
Beginning in 1565
The Reformation is introduced in Krefeld
1584
Destruction of the city
1607
Krefeld becomes part of the House of Oranien though inheritance
Beginning in approximately 1650
Immigration of Reformed Church and Mennonite refugees
1702
Krefeld goes to Prussia
1720
Introduction of silk-weaving by Adolf von der Leyen
1678, 1711, 1738, 1752, 1766
Expansions of the old town core in all four directions
1800–1813
Krefeld is capital of the French département of Roer
1819
Sixth very extensive expansion of the city according to plans of Adolph von Vagedes
Around 1880
Introduction of the mechanized silk and velvet industry
1901
Incorporation of Linn
1929
Incorporation of 5 further suburbs
1430–44
Destruction of roughly two-thirds of the city
1975
Incorporation of Hüls
2000
Population reaches 240,00
2003
The Pinguine become German champion in ice-hockey
2004
The KönigPALAST multifunction center is opened

Histoire

1105
Première mention de Krefeld – elle appartient alors aux comtes de Moers
1150, 1185 ainsi qu'au 12e siècle
Première mention des quartiers actuels de Fischeln, Hohenbudberg, Linn et Uerdingen
1314
L'actuel quartier de Linn est mentionné en tant que ville
1373
Le comte Friedrich II von Moers élève Krefeld au rang de ville
A partir de 1565
La Réforme est introduite à Krefeld
1584
Destruction de la ville
1607
La maison d'Orange hérite de Krefeld
A partir d'environ 1650
Afflux de réfugiés protestants et mennonites
1702
Krefeld passe à la Prusse
1720
Adolf von der Leyen introduit le tissage de la soie
1678, 1711,1738, 1752, 1766
Agrandissement du vieux centre-ville vers les quatre points cardinaux
1800–1813
Krefeld capitale du département français de Roer
A partir de 1819
Sixième extension très importante de la ville d'après les plans d'Adolf von Vagedes
Vers 1880
Introduction de l'industrie mécanisée de la soie et du velours
1901
Linn est incorporé à la ville
1929
Cinq autres banlieues sont incorporées à la ville
1940–44
Les deux tiers de la ville sont détruits
1975
Hüls est incorporé à la ville
2000
240 000 habitants
2003
Les «Pingouins» deviennent champions d'Allemagne en hockey sur glace
2004
Mise en service du KönigsPALAST aux multiples fonctions